仕事運が上がる
デスク風水

風水心理カウンセラー　谷口 令

青春出版社

はじめに

「いつも仕事がうまくいかない」とか、「私はチャンスに恵まれない」なんて思っていませんか？　それには理由があって、あなたが仕事運を引き寄せようとしていないから、運がこないのです。

何もしないで待っているだけの人のところに、仕事運はやってきません。仕事運は、前向きなプラスの気が流れている人のところにやってくるのです。

あなたの仕事運が良いかどうかは、デスクを見れば一目瞭然。資料が山積みになっていたり、不要なものが散乱しているデスクでは、運は寄ってくるどころか逃げていってしまいますよ。

運を良くしたいのであれば、自分の身のまわりの環境を整えて、風（＝気）が流れるようにし、いつでも新しい風が入ってくるように準備しておくこと。これは、1400年前から東洋に伝わる風水の教えです。

風水というと、方位や方角を見るものと思われがちですが、そんなことはありません。オフィスでは、自分のデスクの配置や向きを自由にできないケースが大半でしょう。そのように、誰でも変えられない条件というのはあります。

ですから、方角を気にするより、その場の環境を整えて、プラスの気をめぐらせるよう努めることが大事。仕事運を良くしたいのであれば、デスクの位置や方角はさておいて、デスクの上や引き出し、足元といった環境を整えることからはじめましょう。不要なものは捨て、必要なものだけを整理整頓し、風水を駆使してデスクまわりの環境を良くして、プラスの気をめぐらせます。すると、自然に自分の心も整うので、人間関係が良くなったり、仕事がスムーズに流れるようになったりして、結果、良い仕事運に恵まれるのです。

風水は占いでもおまじないでもなく、自分で運を切り開いていくために使うツールです。

「いい仕事がほしいな」とただ待っているだけでは、まったく進歩・進展がありません。風水パワーをできる限り活用して、自分の仕事の場であるデスクをきれいにし、積極的に運気を上げていきましょう。

運は良いも悪いも、自分次第。

風水心理カウンセラーとして、たくさんの方を見てきた経験から、このことを実感しています。運を開くといっても、生活をガラリと変えるのではなく、日々行っていることをほんの少し変えるだけで、運の流れは変わります。そうした「ほんの少し」を積み重ねていくと、きっと自分が望む方向に運が動いていくでしょう。

まず、自分のデスクを客観的に見てみることからはじめてみてください。

風水心理カウンセラー　谷口令

第2章 まずは「机の上」から、運気をアップしていきましょう

第3章 「引き出し」は、運気を整えるカギになります

第4章 「パソコンの中」にも、風水パワーを取り入れましょう

第5章 「足元やイス」にも、運気アップのチャンスがいっぱい

第6章 仕事の相棒「文房具」にも、風水パワーが宿っています

第１章

仕事運のある人は、デスクを見れば一目瞭然です

「デスクまわり」を整えると、仕事がどんどんうまくいきます

「もっといい仕事に恵まれたい」「きちんと結果を出したい」「社内の人間関係を良くしたい」――。仕事運を上げたいと思ったら、いつも使っているデスクまわりを見直すことからはじめましょう。

仕事用のデスクは、風水では木製のものが仕事運を良くするといわれます。植物の木には、成長を意味する「木《もく》」の気があるからです。でも、「会社から与えられたデスクがスチール製で、変えることができない」という人が多いのではないでしょうか？

そんな場合は、デスクの材質はさておき、デスクの上や引き出し、足元といったまわりの環境を整えることによって、運の流れを変えましょう。

風水とは環境学です。仕事運を上げたいときは、自分の仕事の中心であるデスクの環境を整えることでその場の気の流れを良くし、運気をアップさせます。仕事で成功している人のデスクを見ると、いつもすっきりと片づいていることがわかります。書類を山のように積み上げたり、散乱させているデスクでは、その場の気が乱れますし、仕事の能率はガタ落ちです。

まず、デスクまわりをすっきり整理整頓することからはじめましょう。

たとえ、デスクの方角が悪くても、
デスクまわりの
「気」を整えれば大丈夫

風水では、方角の持つエネルギーにはそれぞれ意味があると考えます。東は「創造・発展」、西は「金銭・恋愛」、南は「知性・名誉」、北は「健康・人間関係」というように。

ですから、仕事のデスクは部屋の東側に置くか、東に向けて置くと運が開けるといわれているのです。しかし、「方角が良ければ万事良し」という考えは、現実的ではないですね。オフィスのデスクの向きを変えることができない人は、たくさんいますから。

風水は、与えられた環境の中で、どうすれば運を切り開き、より良く生きていけるかを考える学問です。方角が悪いからトラブルに見舞われるなんてことはありませんし、開運を諦めることもありません。

デスクまわりの環境で大事なのは、すっきり片づいていることと、きれいに掃除されていることです。デスクという場の気の流れが良くなれば、気持ち良く仕事をすることができて、運気アップにつながります。

「その整理整頓が苦手で困る……」という方もいますが、整理整頓で仕事運が良くなるなんて、とても簡単な開運方法ではないでしょうか？

目に見えるものは「無意識」に影響を。
乱雑なデスクからは、いますぐ卒業です

「デスクがゴチャゴチャしていても気にならない」という人がいますが、本当にそうでしょうか？　目に入るものは、その人の「無意識」に影響を与えています。自分では気にならないつもりでいても、乱雑な様子はいつも心の底の無意識に引っかかって、気分をマイナスにしています。

目に見えるものを整えるということは、自分の気持ちを整えるということ。デスクの上がいつもきれいに片づいていると、気持ちがすっきり整って、仕事に対するやる気が湧いてきます。

新しい運は、そんなやる気のある人のところにやってきます。また、まっさらなキャンバスのようなデスクに向かえば、仕事のアイデアも、絵を描くように次から次へと湧いてくるというものです。

反対に、気が停滞しているところに運はやってきません。いつも乱雑なデスクでは、人も遠ざかっていってしまうもの。人の気がない＝人気がない人に、いい仕事がこないのは当然ですね。

仕事の運を良くするには、自分の気持ちの無意識の部分まで、きれいに整えておくことが大切です。

デスクまわりに違和感を感じたら、
陰陽五行《いんようごぎょう》のバランスが
崩れているのかもしれません

仕事運を良くしたいと思ったら、風水では「陰陽」と「五行」のバランスを整えることが大事だと考えます。このふたつは古代中国で生まれた思想で、風水のベースとなるものです。

「陰陽説」とは、世の中のすべてのものには「陰」と「陽」のエネルギーが存在し、そのバランスを整えることが大切だという考え方。「五行説」は、自然界に存在するものを「木《もく》・火《か》・土《ど》・金《ごん》・水《すい》」という5つのエネルギーに振り分け、これらがお互いに影響しあってバランス良く共生することが大事だという考え方です。

でも、こうした自然なバランスの崩れ（＝運気の低下）に気づくにはどうしたらいいのでしょうか？

その答えは簡単で、自分のまわりを見渡して、何か違和感を感じるかどうかです。もし、「何かおかしい」「変」「気持ちが落ち着かない」と思うことがあったら、それは「陰陽五行」の何かのバランスが崩れているという証拠。その違和感を解消すれば、自然に運気が上がることになるのです。

さあ、あなたのデスクまわりをよく観察してみましょう。それが、仕事運を上げるための大切な一歩です。

自分の「本命星《ほんめいせい》」を知って、
ラッキーカラーを取り入れましょう

整理整頓してすっきりと片づいたら、デスクの上に、自分にとってのラッキーカラーを置いてみましょう。

風水では「気」の流れを９つに分け、「一白水星《いっぱくすいせい》」「二黒土星《じこくどせい》」「三碧木星《さんぺきもくせい》」「四緑木星《しろくもくせい》」「五黄土星《ごおうどせい》」「六白金星《ろっぱくきんせい》」「七赤金星《しちせききんせい》」「八白土星《はっぱくどせい》」「九紫火星《きゅうしかせい》」という「九星《きゅうせい》」に分類しています。九星は一定のサイクルで絶えずめぐっており、自分がどの九星の年に生まれたかによって「本命星」が決まり、それがその人が持って生まれた「運」になります。

こうした自分の本命星を知っておくことはとても大事。九星が持つラッキーカラーを取り入れることによって、自分が持っている運気を高めることもできるからです。

仕事にラッキーカラーを生かすなら、ノートやボールペン、デスクの上にちょっと置く小物などの色に使ってみましょう。気分が良くなり、リラックスした状態で仕事に向かうことができるはずです。

あなたの本命星は？

本命星は、生まれた年によって決まります。ただし、1月1日から2月3日の間に生まれた方は、前年の本命星になります。九星では、1年は立春（2月4日）にはじまり、節分（翌年の2月3日）で終わると考えられているからです。

一白水星	二黒土星	三碧木星	四緑木星	五黄土星	六白金星	七赤金星	八白土星	九紫火星
昭和2年	昭和元年	大正14年	大正13年	大正12年	大正11年	昭和5年	昭和4年	昭和3年
昭和11年	昭和10年	昭和9年	昭和8年	昭和7年	昭和6年	昭和14年	昭和13年	昭和12年
昭和20年	昭和19年	昭和18年	昭和17年	昭和16年	昭和15年	昭和23年	昭和22年	昭和21年
昭和29年	昭和28年	昭和27年	昭和26年	昭和25年	昭和24年	昭和32年	昭和31年	昭和30年
昭和38年	昭和37年	昭和36年	昭和35年	昭和34年	昭和33年	昭和41年	昭和40年	昭和39年
昭和47年	昭和46年	昭和45年	昭和44年	昭和43年	昭和42年	昭和50年	昭和49年	昭和48年
昭和56年	昭和55年	昭和54年	昭和53年	昭和52年	昭和51年	昭和59年	昭和58年	昭和57年
平成2年	平成元年	昭和63年	昭和62年	昭和61年	昭和60年	平成5年	平成4年	平成3年
平成11年	平成10年	平成9年	平成8年	平成7年	平成6年	平成14年	平成13年	平成12年
平成20年	平成19年	平成18年	平成17年	平成16年	平成15年	平成23年	平成22年	平成21年
平成29年	平成28年	平成27年	平成26年	平成25年	平成24年	平成32年	平成31年	平成30年

本命星のラッキーカラー

一白水星	グレイッシュブルー
二黒土星	マンダリンオレンジ
三碧木星	フレッシュグリーン
四緑木星	ディープグリーン
五黄土星	ブラウンイエロー
六白金星	ゴールド＆シルバー
七赤金星	オータムレッド（もみじ色）
八白土星	ショコラブラウン
九紫火星	ラベンダー

第2章

まずは「机の上」から、運気をアップしていきましょう

苦手な人がいる方向には、
魔除けの「観葉植物」を置きましょう

職場には、怒りっぽい上司とか、嫌味を言う人とか、愚痴が多い同僚など、何かと気の合わない人がいるものです。そういうマイナスのエネルギーを持っている人と毎日顔を合わせていると、自分自身の運気も下がってしまいます。

マイナスのエネルギーをブロックするには、自分のデスクの上に、小さい観葉植物を置くのがおすすめ。植物には、良くないエネルギーを吸収したり、はね返したりする力があるからです。さらに、同じもの２個を「対」にして置くと、その空間の気がスムーズにめぐるようになり、運気を上げてくれます。いまは小さくて土が清潔で、デスクの上にちょっと飾れる鉢植えのグリーンがいろいろあるので、同じものを２つ買って、苦手な人がいる方向に並べて置くと効果的です。

観葉植物の中でも仕事のデスク向きなのが、「サンセベリア」という植物です。別名、「チトセラン」「トラノオ」などとも呼ばれており、緑の葉がシュッと伸びているのが特徴。このサンセベリアは、ＮＡＳＡによる実験で、電磁波を吸収する作用があることがわかりました。仕事のデスクにはパソコンや携帯電話など電磁波を発生する電子機器があるので、小さいサンセベリアの鉢を２つ置いて、電磁波をブロック。そして、苦手な人の気もはね返して仕事運を上げましょう。

後ろに人の目がある席では、
デスクの上に鏡を置いて
「気」をはね返します

後ろからの視線というのは、とても気になります。とくに後ろの席に上司がいると、一挙手一投足をチェックされているようで緊張し、仕事に集中できず、激しく「気」を消耗してしまいます。

そんな席に座ることになってしまったら、デスクの上に小さい鏡を置きましょう。鏡には気をはね返す力があるので、その力を利用して後ろからの視線（＝人が放つ気）をブロック。そして、あなたも鏡をのぞいて、ときどき後ろをチェックしましょう。「いつも見られている」「意外に見られていない」といった、現状を把握しておくと、自分の気が落ち着くものです。

また、デスクの上に鏡を置くのは、自分の表情や口元のチェックなど、身だしなみを整えるのにも役立ちます。自分を整える、自分をきれいにするということは、「陰《いん》陽五行説《ようごぎょうせつ》」の「五行」＝「木火土金水《もくかどごんすい》」の「火」のエネルギーを高めるということ。「火」は知性や創造性をつかさどりますから、あなたの仕事に対する能力アップにつながります。

デスクの上の鏡で、気になる視線をはね返し、自分の身だしなみを整えて、プラスの気をどんどん引き寄せましょう。

不要な書類はさっさと捨てて、
新しい運気が入ってくる
スペースを確保

デスクの上に、うずたかく書類を積み上げていませんか？　書類はついつい重ねて置いてしまいがちですが、そうすると、下のほうにもう終わった案件の書類が埋もれていたりします。

不要になった書類には、「陰」の気が宿ります。風水では、不要なものを捨てずにいると、陰の気をため込むことになり、その場に新しい運気が入ってくるスペースをつくれないと考えます。ですから、風水では、「捨てる」ことをとても大事に考えています。

ひとつの仕事が終わったら、即座にその仕事に関する書類の要・不要を見極めて、いらないものはさっさと捨てましょう。もちろん書類の中には一定期間、保管しておかなければならないものもありますから、そうした書類はひとつにまとめておいて、期限がきたら潔く捨てます。捨てて空きスペースをつくることによって、そこに新しい運気を呼び込みます。

不要な書類がいつまでも目に入っていると、心の中ではその仕事のことを引きずってしまい、次の仕事に移る意欲を損なってしまうというマイナス面もあります。

書類は山積みではなく、立てて整理。
気の流れが良くなって、
運気がアップします

いくら不要な書類を捨てても、そのあとの整理整頓が悪ければ、デスクにプラスの気を呼び込むことはできません。

書類を積み重ねるというのは、デスクの上に山をつくるということ。下にある書類はすぐに引っ張り出せないので、これでは書類の数が減っても仕事の効率は悪いままです。また、「山」は易学で「止まる」ことを意味し、流れをせき止めてしまいます。せっかく整理しても山積みでは、デスクの上に、プラスの気がスムーズに流れるようになりません。

書類は案件ごとにファイルにまとめて、立てて整理するのが基本です。デスクの端にブックエンドを置いたり、または、書類ボックスを使ったりして、ファイルを立てて並べるようにしましょう。

すると、書類全体をサッと見渡せて、必要なものをスッと取り出せるようになるので、仕事がスムーズに、効率良く進むようになります。

仕事運を良くするには、「山」を取り除き、効率も、気の流れも良くすることがとても大事。いつも探しものをしている状態では、気持ちがイライラして、マイナスの気を呼び寄せてしまいます。

電話は東の方角に置くと、
いい仕事や情報が
あなたの元にやってきます

いまや連絡といえばメールでのやり取りがすっかり普通になっていますが、そんな現代においても、電話は人と人をつなぐ大事なツール。電話によって、新しい仕事や情報がもたらされることに変わりはありません。

電化製品や音が鳴るものは風水では「三碧木星《さんぺきもくせい》」に分類され、東の方角に置くと良いとされています。電話は左手で取るから、デスクの左側に置いている人が多いかもしれませんが、仕事の運気を上げたいときは、あえてデスクの中で東の方角にあたる位置に置き換えてみましょう。スマホや携帯電話を東に置いてもＯＫです。東の方角にある電話がもたらしてくれる仕事は、きっとプラスの運を持っているはず。

また、電話を東の方角に置くと、人間関係が円滑になるというメリットもあります。仕事運を良くするためには、社外と社内、どちらの人間関係も円滑であることが必要です。

仕事というのは人と人の出会いによって発生するものなので、人間関係は仕事運に強く影響します。人間関係が良くなれば、あなたのところに自然に人が集まるようになり、それによって新しい仕事がもたらされたり、人からのサポートを得られたりするのです。

デスクにペタッとしたビニールシートはＮＧ。
常に触れるものは、さわり心地の良いものを

机の表面を傷つけないようにと、透明なビニールシートを敷く習慣があります。そのビニールシートの下に書類やメモ書きを挟んだりして、便利に使っているという人もいるでしょう。

でも、ビニールシートの感触ってペタッとしていて、あまり気持ちいいものではないですね。常に肌や手に触れるものの「感触」を心地良いものにしておくことも、運気アップの秘訣のひとつです。

「見る」「聞く」「嗅ぐ」「味わう」「触る」という五感は、風水のルーツである「陰陽五行説」の「五行」＝「木火土金水」と相関していて、「触る」は「土」に対応しています。だから、感触が良くないものからは、「土」のパワーがつかさどる仕事運をしっかりもらうことができません。

この世の中はすべて「木火土金水」という5つの要素でできていて、風水では、この5つのバランスを整えることで運がやってくると考えます。土のパワーがもらえないというのは、5つのパワーバランスが崩れるということ。「このペタッとした感触が嫌だな」と感じているなら、ビニールシートをはがし、常にスベスベした気持ちいい机の質感に触れるようにしておきましょう。

スチール机には、
木でできたオブジェを置いて
運気をアップ

オフィスのデスクといえば、グレーのスチール製というのが定番です。しかし、風水でみると、デスクはスチールなどの金属製のものより、木製のもののほうがおすすめです。金属はパソコンなどから発生する電磁波を通すので、一日の長い時間、体が触れ続けているのは健康上良くありませんし、運気も上がりません。

しかし、デスクは勝手に変えられないというのが現実です。そういう場合は、木のデスクの代わりに、木製のものを何か置いて電磁波を中和しましょう。

たとえば、木のオブジェ。インテリア用のかわいいものやおしゃれなものがたくさん出回っています。鳥の形をしたオブジェであれば、幸運を呼び寄せてくれますし、フクロウの形をしたものなら、やる気や知恵を授けてくれます。ころんと丸い形をしたオブジェは、人間関係を円滑にしてくれるでしょう。

また、ラッキーカラーがペイントされたオブジェを選ぶのも、運気アップにつながります。

寒々しい印象のスチールデスクを、自然から生まれた木製のオブジェを置くことで心地良い空間に変えましょう。

マウスパッドの色は、グリーンとオレンジが仕事運を呼びます

あなたがいま使っているマウスパッドの色は何色でしょうか？　マウスパッドの色はデスクの上で目立つので、仕事に向かう自分の気持ちに影響します。

仕事を発展させたいときは、グリーンのマウスパッドがおすすめです。芽吹いたばかりの葉のような明るいグリーンは「三碧木星」の色で、行動力を高め、新しいことにチャレンジする気持ちにさせてくれます。

「いまは発展より、目の前にある仕事をコツコツとやらなければ」というときは、オレンジのマウスパッドがぴったりです。オレンジは「二黒土星《じこくどせい》」の色で、地に足をしっかりつけて物事を進める運気を高めてくれます。

鮮やかなグリーンとオレンジはどちらも人を元気にさせる色なので、デスクまわりに取り入れるのに向いています。でも、ほかに好きな色があってそれを使いたいというのであれば、それでもかまいません。

また、シックな色で統一しているオフィスなら、黒やグレーのマウスパッドのほうが雰囲気になじんで素敵だったりします。

色にはそれぞれ特有のエネルギーがあるので、自分が毎日目にして「気分が上がる」と感じる色にこだわってみましょう。

キャラクターグッズは
ワンポイントで取り入れると、
運を引き寄せる

なかには、「キャラクターグッズなんて仕事向きではない」と考える人もいるかもしれませんが、自分が好きなキャラクターであれば、何かひとつ取り入れるのはいいものです。たとえば、ボールペンやマグカップなど、いつも目に入るものにキャラクターがついていると、仕事が楽しくなります。楽しそうに仕事をしている人には、プラスの運気がめぐってくるでしょう。

ただし、デスクまわりが、キャラクターグッズばかりというのは考えもの。キャラクターはどれもインパクトが強いので、たくさんあると気が散ります。

また、「もらったから」といって、とくに好きではないキャラクターグッズを使っているのも良くありません。ペットボトルドリンクなどのオマケについてきたグッズを、机の上に並べていたりするのも同様。

デスクまわりの環境は、あなたの仕事運を左右します。仕事と関係ないものが、たくさんゴチャゴチャとあるデスクでは、プラスの運は逃げていってしまうので気をつけましょう。使うなら、「大好きなキャラクターグッズをワンポイントで」というのが、プラスの運を引き寄せる秘訣です。

マグカップの柄によって、そのとき必要な仕事運を高められます

仕事中にお茶やコーヒーを飲むとき、どんな容器を使っていますか？ オフィスに使い捨てのプラスチックカップが置いてあったとしても、自分用の陶器のマグカップを用意しましょう。土からつくられる陶器には「土」の気があるので、飲み物と一緒に気を吸収し、仕事運を安定させることができます。

さらに、マグカップの柄にもこだわると、必要な運を高めることができます。人間関係を円滑にしたいときは、水玉模様のマグカップ。丸い形は「安心」や「円満」を表し、人間関係だけでなく、仕事もスムーズに進むようになります。チャンスをつかみたいときは、波の模様など、「水」に関する柄を選びます。イルカ、魚、船などの柄もおすすめ。

金運を呼びたいときはニワトリ柄のもの、やる気を上げたいときは音符やフルーツ柄のもの、コツコツ真面目にやらなければならないときはカブやニンジンといった野菜の柄のものを選びましょう。

ただし、マグカップに茶渋がつきっぱなしでは、せっかくの運も逃げてしまうのでご注意を。1か月に1回はカップを磨いて、いつもピカピカに清潔にしておきます。清潔なところに、プラスの運気が宿ります。

ミネラルウォーターのペットボトルを
デスクの北側に置いて、
場を浄化しましょう

「何となく、ツイていない」と思ったら、「水」を利用してデスクからマイナスの気を追い払いましょう。よく、場を清めるには「盛り塩」をするといいといわれます。盛り塩というのは、白い小皿に塩を盛って、清めたいところに置くこと。塩は「陰陽」の「陽」の極限のエネルギーを持っているので、盛り塩によってマイナスの気を一掃できるのです。

その塩と同様に、水にも場を浄化する力があります。といっても、お皿に水を張るといった特別なことをしなくても大丈夫。仕事中の水分補給も兼ねて、ペットボトル入りのミネラルウォーターをデスクに置いておけばいいのです。

その際、ペットボトルをデスクの中の北側に置けば、なお良し。東西南北の北は、物事のすべてがはじまる場所とされ、エネルギーは北側から流れてきて、そこにある水に宿ります。その水を飲むことで、自分自身のエネルギーチャージができるというわけです。

水とはミネラルウォーターに限らず、お茶、コーヒー、ジュースなどでもＯＫです。

財布を机に置きっぱなしは、金運を遠ざける。
バッグや引き出しの中が、財布の定位置です

よく、デスクの上に財布をポンと出したままにしている人がいます。日本は安全な国。しかも、自分の会社のデスクですから、それで問題が起きることはないかもしれませんが、お財布に無頓着な人のところに金運は寄ってきません。

お財布の定位置は人目に触れるところではなく、バッグや引き出しの中です。可能であれば、東北か西北に位置する引き出しに入れておくといいでしょう。東北には「財が貯まる」、西北には「社会的地位が上がる」というエネルギーがあります。お財布をしまったバッグも、できればその方角に置いて。

もちろん、お財布の中の整理整頓は大事です。領収証はその日のうちにどんどん整理するか精算して、ため込まないようにします。お札は、千円札、５千円札、１万円札にまとめて、同じ向きにそろえてきちんとしまいます。

また、「お札の天地の向きを逆にしてしまうとお金が出ていかない」といわれますが、風水ではその向きは気にしません。同じ方向にそろっていることが大事です。

キャッシュカードやショップのカードなども、使わないものは持ち歩かないこと。不要なものは運気を下げるので、常に整理して、必要なものだけを入れるようにすると金運がやってきます。

パソコンの裏やファイルの奥の
ホコリを掃除すると
マイナスの気も一掃できます

パソコンの裏側はふだん目に入らないところですが、コードがからまっていたり、電子機器が持つ静電気でホコリがたまっていたりします。また、立てて置いてあるファイルの奥は、もう何年も掃除していなかったり……。

こういうところは見ていないつもりでも、何かのときに視覚に入り、心の中の無意識下にしまい込まれます。もしくは、掃除していないことが頭に引っかかっていて、無意識の領域で常に気になっています。

デスクまわりの整理整頓とは、この無意識下のレベルまできれいにしておくこと。見えるところ、いつも気になるところだけをきれいにすればＯＫではないのです。

１週間に１回はデスクの上のものをすべて移動して、パソコンの裏側、ファイルやペン立ての奥など、ふだん見えないところまできれいに掃除しましょう。

掃除というのは、イコール、運の掃除をすること。隅々まできれいにすると気分が良くなるのは、運の通り道を掃除し、自分の心の中や頭の中の雑念も掃除しているからです。ホコリと一緒にたまっていたマイナスの気が一掃されると、新しいプラスの気が流れるようになります。

仕事をスムーズに進めたいなら、
デスクに時計を置いて、
自分の「時」を管理しましょう

時を刻む時計には、「物事を進める」という意味があります。仕事をスムーズに進めたいと思ったら、オフィスの時計だけですませず、自分のデスクに時計を置いて、自分の「時」を管理しましょう。

時計は、アナログの針のものより、数字で表示されるデジタルのものが吉です。風水では、パッと見てすぐにわかることが、効率的で、間違いがなく、物事が円滑に進んで良しとされています。

時計の形は、丸いものは人間関係をスムーズにするので、人を介して新しい仕事のチャンスをつかむのに良いでしょう。四角い時計は、着実に仕事を進めたいときにおすすめのアイテムです。

ただし、その時計が遅れていたり、電池切れで止まっていたりしては台無しです。会社の時計、デスク上の時計、腕時計のうち、ひとつでも時刻が合っていない時計があると、それが気になって自分の中に不協和音が生まれます。ついつい、その時計に目がいってしまうことになります。

そんな無駄やマイナスを省くためには、すべての時計の時刻がぴたりと合っていることが大事。あなたの人生の「時」を順調に進めましょう。

デスクに置くグッズは、
いまの自分に必要な
運気に合わせて選びます

デスクの上に何を置くかによって、仕事運の流れを変えることができます。いま自分に必要なのはどんな運かを見定めて、グッズを選んでみて。

うっかりミスが多い人は、正方形や長方形、立方体といった四角いモチーフが役立ちます。ギンガムチェック柄のノートやハンカチ、四角い形のメモクリップなどを使うと、仕事を間違いなく進めることができるでしょう。

新しい仕事がほしい人は、音楽のモチーフが有効です。音符や楽器などの模様がついた文房具――ノートやペン、クリップ、ペーパーウエイトなど――を使って、仕事に対する気持ちをポジティブにしましょう。ワクワクした気持ちでいると行動力が高まります。新しい運をつかむには、フットワークを軽くすることが大事です。

金運をアップしたいときは、キラキラ光る小物を飾ります。光を集めるクリスタルのオブジェ、自ら輝く金や銀が使われている文房具を西の方角に置きましょう。お金が循環するようになり、金運を引き寄せてくれます。

仕事が大変なときは、
癒しのグッズを「対」で置くことで
パワーチャージ

仕事には「ここが踏ん張りどき」というタイミングがあります。そんなときは、疲れを癒しながら、同時に新たなパワーをチャージし、やる気を奮い立たせることが必要です。たとえばデスクの上に、鳥のつがいのオブジェ、小さい観葉植物を2個、花を小さいグラス2個に分けて生けるなどして、同じものをシンメトリーに置いてみましょう。「対」になるように飾ると、右脳と左脳のバランスが良くなるため、脳がリラックスして疲れがとれるのです。

とくに、観葉植物や花といった自然のものはプラスのエネルギーを放出するので、パワーチャージにぴったり。鉢やグラスは心を穏やかにする丸いデザインのものを選びましょう。

また、自分にとってのラッキーアイテムをデスクの上に置くのもパワーチャージに役立ちます。一白水星《いっぱくすいせい》は「ガラスやグラス」、二黒土星は「専門店のチョコレート」、三碧木星は「鈴」、四緑木星《しろくもくせい》は「カジュアルな時計」、五黄土星《ごおうどせい》は「歴史のあるもの(歴史小説、古地図など)」、六白金星《ろっぱくきんせい》は「手鏡」、七赤金星《しちせききんせい》は「キャンディ」、八白土星《はっぱくどせい》は「チェーンやネックレス」、九紫火星《きゅうしかせい》は「フォトフレーム」が、それぞれのラッキーアイテムです。

旅先の思い出の品や家族の写真を飾って、
仕事へのモチベーションをアップ

仕事は楽しい気分で取り組むのが勝ち。その仕事が気の乗らないものであったとしても、同じやるならポジティブな気持ちで取り組んだほうが、スムーズに進み、成果も変わってくるからです。

そんな明るい気分を高めてくれるのが、自分が大好きな写真や思い出の品です。海外ではよく自分のデスクの上に家族の写真を飾っているところを見かけますが、心地良いものが常に視界に入っているのは、自分がプラスの気で満たされるのでおすすめです。

ただし、たくさん並べるのではなく、お気に入りの写真を1枚、ワンポイントで飾りましょう。自分を支えてくれる家族やペットの写真は、仕事中のやる気をチャージしてくれます。

また、旅先で撮った写真を飾ったり、思い出の石やサンゴ礁などを飾るのもいいものです。楽しかった出来事を思い出すだけで、脳内が活性化されて、やる気のパワーが湧いてきます。

机の上に美容グッズや食べ物など……
仕事と関係ないものは、
即刻、引き出しの中へ

仕事と関係ないものが散らばっているデスクでは、集中力が落ちてしまうので注意。たとえば、ハンドクリーム、顔に吹きかける化粧水、リップクリームなどの美容グッズ。または、電話をするときに邪魔になるのではずしたイヤリング、パソコン入力のときに気になるおしゃれ用の指輪など。

あとは、お菓子やスナック、インスタント食品などの食べるもの。小腹がすいたときや気分転換にお菓子を食べるのはいいですが、食べるとき以外も出しっぱなしにしておくと、デスクの上が雑然としてしまいます。

雑然としたデスクでは、そこにプラスの気が流れませんし、自分の頭の中もゴチャゴチャしてきます。デスクの上に置くものはできる限り減らしたほうがいいので、仕事と関係ないものは即刻、引き出しの中へ。文房具なども、本当に出しておく必要があるものだけを厳選して置くようにします。

例外なのは、仕事の運気につながるラッキーアイテムのオブジェや観葉植物など。こうした仕事とは関係のないアイテムを飾るのは1〜2個にとどめ、デスク上はあくまでもすっきりとシンプルになるよう片づけます。

空気の流れは、仕事の運気そのもの。
停滞した空気は、
ミニ扇風機で動きを与えます

オフィス内の空気の流れはとても重要です。空気が停滞するということは、自分の気持ちやオフィスの気がよどむということ。反対に空気が対流すると、気分がリフレッシュされ、室内にも活気が生まれます。

自然のさわやかな風が通り抜けるオフィスであればいいのですが、そうもいかないのが現実ですから、停滞している空気を常に動かすように工夫をしましょう。

自分用のミニ扇風機を使うのもそのひとつ。夏場の暑さを解消するために使っているものであっても、まわりの空気を動かして対流させるので、オフィスの空気を換えるのに役立ちます。

また、エアコンなどによって空気が乾燥するのが気になる人は、自分用の卓上加湿器を使うのもいいもの。お肌がカピカピに乾燥したまま仕事をするより、湿度が整った空気の中で、ストレスフリーで仕事をしましょう。

オフィスの空気の流れや状態は、仕事の運気そのものといえます。

第３章

「引き出し」は、運気を整えるカギになります

週に1回、引き出しの整理をして、
不要なものとは
スッキリお別れしましょう

引き出しの中も、デスクの上と同じ。不要なものがたまっていたり、ゴチャゴチャと整理されない状態では、仕事の運気に大きなマイナスの影響を与えます。月に1回、または週に1回と決めて整理しましょう。

もう何年来、整理していないという人は、まず引き出しをひっくり返して、中身を全部出して、要・不要の仕分けをします。

筆記用具やクリップ類は知らないうちにどんどんため込んでしまうので、黒ボールペンは2本、赤ボールペンは1本などと決め、あとはスッキリとお別れします。そのほかにも、古い書類やイベントの招待状など、不要なものがあれば処分します。

そして最後に、引き出しの中をきれいに水拭きしましょう。

使わないものやもう不要になったものはゴミですから、それをため込んでいると、引き出しの中がマイナスの気で充満してしまいます。「何が入っているかわからない」という状態では、デスクの気も、自分の気もよどんでしまいます。

週の終わりには引き出しの中を見て、その週にたまった不要なものは捨てて整理整頓しておきましょう。翌週は新たな気持ちでスタートすることができます。

よく使うものは引き出しの手前に、
重いものは下の引き出しに入れます

不要なものを処分したら、必要なものの定位置を決めます。

一番上の引き出しの手前には、ボールペン、鉛筆、消しゴム、修正液、ホッチキス、はさみなど、最もよく使うものを入れます。よく使うものだからといって机の上に出しっぱなしにするのではなく、取り出しやすいところにしまいます。

書類をまとめたファイル、大きいサイズの名刺入れなど、重くて大きいものは、下の引き出しに収納します。上に小さくて軽いもの、下に重くて大きいものを入れるというのは当たり前のこと。これが反対になって上が重くなるとバランスが悪くなって、自然の摂理に沿いません。

すると、そのアンバランスを、無意識が「気持ち悪い」と認識してしまい、常に気にかかってしまうことに……。

収納場所を決めるときに、安定感がある、使いやすい、見た目が良いといった直感は大事。自分の気持ちの中に引っかかりを残さないことが、自分の気の流れを良くし、仕事運もめぐりやすくするのです。必要なものがサッと取り出せて、戻しやすいように収納場所を決めましょう。

隙間なくぎゅうぎゅうに詰め込まず、
物を厳選して収納しましょう

デスクの引き出しを開けたとき、整理整頓されていても、隙間なくみっちりものが詰め込まれていると、窮屈さを感じます。

風の通り道は、運の通り道です。物がぎゅうぎゅうの状態では、そこに風（＝運）が通る余裕がありません。見た目の窮屈さは、心に「余裕がない」「息苦しい」というイメージを植えつけてしまいます。

一日に何回も目にする引き出しの中は、隙間があって、必要なものがパラッと入っているくらいにまで物を厳選して収納しましょう。引き出しの中にも、きれいな気がスーッと流れていることが大事です。

何がどこにあるかがきちんと管理できるようになると、頭の中もすっきり整理され、気持ちの上でも余裕を持って仕事に取り組むことができます。仕事では、予定外のアクシデントにフレキシブルに対応する姿勢が大切ですから、常に気持ちを整えて、余裕を持って臨みましょう。

開けっぱなしの引き出しは、運の逃げ道に。
開けたら閉める習慣で、
仕事運は上がります

どうせ開け閉めするものだからと、引き出しを開けっぱなしで仕事や勉強をしている人、退社するときもまだ仕事中かのように、あちこちの引き出しを開けたまま帰ってしまう人、どこにでもいますよね。

その人は、それが合理的だから気にならないと思っているかもしれませんが、引き出しが開いているというのは、不完全な状態です。不完全なものは無意識のうちに気にしてしまうので、実は、心が落ち着きません。

そして、開けっぱなしにした引き出しからは、運気が逃げていってしまうのです。そこに大事な仕事の書類が収まっていたら、なんてもったいないこと。開けっぱなしが気にならないという人は、その仕事が持っている運気が逃げていくことに鈍感であるといえるでしょう。

引き出しは開けたら閉めるもの。デスクに限らず、ロッカーやクローゼットなども同じ。もし誰かが開けっぱなしにしていたら、そっと閉める気遣いが、きっとあなたに素敵な運気をもたらすことでしょう。

引き出しの中の書類は、
向きをそろえて、時系列に、
立てて収納しましょう

書類の向きをバラバラにしていると、取り散らかった状態をいつも目にすることになり、自分の気が乱れます。書類はファイル分けし、向きをそろえて収納すると、気の流れが良くなり、自分のコンディションが整ってきます。

向きをそろえた書類のファイルは、引き出しの中に立てて、時系列に収納しましょう。引き出しの中でも重ねて積んでしまったら、下にある書類は取り出せないので、その案件はもう日の目を見ないかもしれません。

「引き出しの奥には何が入っているかわからない」というブラックホール状態では、そこで運が止まってしまいます。すべての書類を見渡せて、必要なときにサッと取り出せるように収納することが大事。

また、時系列に並べることによって、その仕事が持っている時の流れに沿うことができます。仕事には、いつ発生し、いつ終了するかといったそれぞれのタイミングがあるので、時系列に整理することは理にかなっているのです。

新しい仕事が発生したらその書類は一番手前に置き、古いものは奥にずれていくように時系列に並べます。引き出しを開けたら、常に最新のものがパッと目に飛び込んでくるようにすると、仕事の運気が活性化します。

名刺ホルダーは引き出しの手前に。
見えるように置くことで
人脈が広がっていきます

職業上、１週間で何十人と名刺交換をする人もいれば、名刺交換は１年で数回しかないという人もいるでしょう。名刺がたまるスピードは、仕事によってそれぞれですが、いただいた名刺はきちんと整理し、すぐ目に触れるところにしまうことが肝心。

せっかく整理しても、名刺ホルダーを引き出しの奥深くにしまい込んでいては、目に触れる機会がなくなり、新しくできたご縁を忘れてしまうこともあります。小さめの名刺ホルダーなら、デスクの一番上の引き出しの手前に。Ａ４サイズくらいの大きいホルダーなら、下のほうの引き出しの一番手前に立てておきます。目につきやすいところに置くことによって、その方との出会いのチャンスに、常にシンクロできる状態にしておきましょう。

仕事の上で、人との縁はとても大切です。東洋の運の法則に「三才《さんざい》の観《かん》」という開運論があり、「天《てん》・人《じん》・地《ち》」という「三才」のバランスを整えることで運が開かれると教えています。「天」はタイミング、「人」は自分自身の心や人との縁、「地」は環境のことで、この「人」が仕事に大きな影響を与えます。

いただいた名刺をどう扱うかによって、「人脈」から新しい運気を広げていけるかどうかが決まるのです。

年賀状は「節分」か「啓蟄《けいちつ》」の日に整理してサヨナラしましょう

引き出しの中に、何年も前の年賀状を捨てずにしまい込んでいたりしませんか？年賀状はその人とのご縁なので、捨てると縁が切れてしまうと思っている人がいるかもしれません。

でも、新年のご挨拶という使命を終えたものを、いつまでも取っておくのは、風水では良しとしません。1年間取っておいて、次の年賀状を書くときに処分するという人もいますが、住所などの変更を自分の手帳やパソコンの中のアドレスブックに反映したら、潔く捨てましょう。

そのタイミングは、2月4日頃の「節分」か3月上旬の「啓蟄」。遅くても4月上旬の「清明《せいめい》」の頃。こうした節気は昔から節目の日とされていますから、古い物を捨てて、新しい運を取り入れる日にぴったりです。

風水では、古いものにはマイナスの気が宿り、運気が下がると考えます。ですから、捨てることはマイナスの気を排出し、そこに新しいものを取り入れるという行為です。捨てることによって、新しい人とのご縁を取り入れましょう。

引き出しの中に
好きなお菓子を入れておくだけで、
仕事が楽しくなって、運気もアップ

お菓子は仕事とは関係ないものですが、引き出しの中にそっと忍ばせておいて、気分転換に楽しむのはいいですね。お菓子は、九星《きゅうせい》でいうと「七赤金星《しちせききんせい》」のもので、「楽しむ」という意味があります。

アイデアに詰まったとき、「あー、疲れた」と感じたとき、ちょっと落ち込んだときなどに、好きなお菓子を食べて気分転換をしたり、楽しい気分を取り戻しましょう。楽しく仕事をすると、金運もついてきます。

といっても、ポテトチップスなどのスナック菓子をだらだら食べていては、仕事中という緊張感が失われてしまいます。チョコレートやキャンディなど、小さいお菓子がオフィス向き。お菓子は、忙しくてランチを食べられなかったときの間食としても役立ちますし、ガムやミントタブレットは口臭を消してくれるので、人と会うときのエチケットにもなります。

もちろん、これはお菓子好きの人の話であって、苦手な人が無理に食べる必要はありません。好きであれば、引き出しの中に少し入れておくと仕事が楽しくなって、運気が上がるでしょう。

将来の夢を書いたメモを
引き出しの手前にしまっておきます

自分の将来の夢は、ノートに書き出したり、イメージに近い写真を切り貼りしたりして、はっきり具体的にビジュアル化することが大事。それを、いつも目に触れるところに置いて目に焼きつけ、意識にも無意識にもインプットしておきます。

そうすると何かを選択するとき、無意識のうちに夢が叶うほうに、叶うほうにと進んでいくことができるでしょう。風水では、「無意識」を思う存分活用することで、運を切り開いていけると考えるのです。

仕事の夢もそうしてビジュアル化し、デスクの引き出しの手前など、すぐ目につくところにしまっておきましょう。将来、海外を飛び回る仕事をしたいという夢があるなら、飛行機の写真や行きたい国の写真をしまっておくのもいいですね。

もちろん、デスクの上に飾るのもいいですが、自分の夢を知られるのが恥ずかしい場合もあるでしょう。また、「独立する」「海外に行く」「異動する」などの夢は、まわりの人に知られないほうが、人間関係がスムーズにいくかもしれません。

自分の夢や将来を常に確認し、無意識に働きかける――。それを習慣化するために、自分のデスクの引き出しを上手に使います。

第4章
「パソコンの中」にも、風水パワーを取り入れましょう

パソコンが持つ「成長」「発展」の
エネルギーは、フォルダを整理する
ことで活用できます

パソコンはいまや、仕事に欠かせない大事なツールです。陰陽五行《いんようごぎょう》で見ると、パソコンは「木《もく》」の気を持つもので、「成長」「発展」「スピード」「活力」などをもたらすとされています。

そんなパソコンの中は、あなたの頭の中を映し出す鏡。パソコンを立ち上げたら、アイコンがゴチャゴチャと並んだデスクトップが現れるようでは、整理ができているとはいえません。いらないデータはどんどん削除して、必要なファイルはルールを決めてきちんと整理します。

たとえば、「書類」というフォルダをつくり、その中にプロジェクトごとのフォルダがあり、さらにその中に関連するファイルがあるというように、階層をきちんと意識します。

すると、デスクトップには、一番階層が高いフォルダだけが並ぶので、すっきり整理されるというわけです。自分が探しているファイルにも、すぐにたどり着けるので仕事がスムーズに進みます。

パソコン内を整理整頓し、パソコンが持つ「成長」「発展」といったエネルギーを十分活用することで、仕事の運気を高めましょう。

ファイル名をきちんとつけることで、
大切なプロジェクトとして
はじめて動き出します

新しいプロジェクトの企画を考えたり、スキャンした資料のファイルをつくったりするとき、とりあえずで、適当なファイル名をつけていませんか？「企画1」「企画2」といった曖昧なファイル名にしておくと、間違えて何回も開いたりして無駄な労力を使います。

とりあえずスタートしたプロジェクトであっても、きちんとした名前をつけることによって、それが自分の中に大切なプロジェクトとしてインプットされます。ですから、名前をつけることは大切な作業。

風水では字にも「五行」があると考えますが、画数を調べるのは難しいので、たとえば「大切なプロジェクト‐〇〇〇」とか「絶対うまくいく‐〇〇〇」など、成功を予感させる名前をつけておくという手もあります。

また、フォルダ名に色をつけておくのも、重要度の分類に役立ちます。九星《きゅうせい》では、「紫」→「シルバー」→「赤」→「黄」→「緑」→「オレンジ」→「青」の順に重要度が高い色なので、この色分けをファイルに利用しましょう。ウィンドウズの場合は、そうしたアプリもあるので利用してみても。どのファイルが重要で最新かがひと目でわかります。

意外な落とし穴。
マイナスの気がたまっている
ゴミ箱の中身も、忘れずに消去しましょう

終わった仕事のファイルはもちろん、進行中の案件でも、用ずみのファイルやデータがたくさんたまってきます。それを放置しておくと、肝心なものを探すときに、なかなか見つかりません。「レポート」「レポート最終」「レポート最終①」というように、同じような名前のファイルがあるときはなおさらです。

不要なデータはどんどん削除して、ゴミ箱に捨てていきましょう。ただし、そのゴミ箱の中も、ときどき開いて中身を消去しないと、そこにはデータがまだ残っているのです。

不要なものにはマイナスの気がたまりますから、ゴミ箱の中はまさにマイナスの気の巣窟に……。週に1回はゴミ箱を開いて、不要なデータを消去しましょう。

パソコン内の環境は、自分自身にはね返ってきます。古いものをため込むと、「動」の気が弱くなり、動きが鈍くなります。いつもアクティブに行動したいと思っているなら、パソコン内をすっきりさせ、フットワークを軽くしておくことが大事です。

ちなみに、メールボックスの「ゴミ箱」の項目も、放っておくと不要なメールの山になっています。1週間に一度は完全に削除しましょう。

売り込みメール、読まないメルマガ……
不要なものは解除して、
いま必要な情報だけを受け取ります

オフィスで朝一番にする仕事といえば、メールのチェックという人が多いのではないでしょうか。メールは人との縁を広げたり、情報を取り入れたりするのに欠かせないツール。縁や情報は、仕事の契約や発展につながる「木」の気を持っているので、メールは積極的に活用したいものです。

しかし、メールボックスには不要なメールも山ほど届きますね。まずは、要・不要の仕分けをし、いらないセールスメールは迷わずどんどん削除。もう読まなくなったメールマガジンが届いていたら、これも即解除。登録するときは必要だった情報も、時とともに変化し、いまのあなたにとっては必要のない情報となったのです。風水では「変化」を吉ととらえますから、不要なものは解除して、いま必要な情報だけが届くような環境を整えましょう。

解除の手続きがめんどうだからといって放置していると、毎日、見なくてもいいメールを見ることになり、小さいイライラがたまります。すると、自分の中にマイナスの気がたまっていきます。小さいイライラも解消していくことが、仕事の運気を良くするためには大事です。

メールに添える心遣いのひと言が、人と人との縁をつなぐ扉を開きます

いまや仕事の連絡事項は、メールでするのが当たり前。誰もが日常的に使っているメールだからこそ、そのやり取りが無味乾燥なものにならず、運気を上げるものになるよう、自分ならではの気持ちを少し込めましょう。

簡単なのは、ほんのちょっとした時候の挨拶を入れること。「新緑がきれいですね」「すっかり梅雨空になりました」といった季節感のあるひと言を加えるだけで、その季節が持つ自然のエネルギーを取り込むことができ、ただの連絡メールにあなたらしい個性も宿ります。

メールは、九星の「四緑木星《しろくもくせい》」の象徴であり、人との縁をつくります。ちょっとしたひと言といった心遣いが、信頼関係を築くのに役立つでしょう。

ただし、手紙の本の例文に載っているひと言を写すのでは、味気なさが相手に伝わってしまいます。また、自分に合わない背伸びをした言葉を使っても、無理が見えてしまって心が届きません。

少し稚拙であっても、形式ばらない自分ならではのひと言を書くことが大事。自分の心から発する言葉こそが、人と人との縁をつなぐ扉を開いてくれるでしょう。

クラウド、履歴、お気に入り、
ブックマークなども
定期的に整理しましょう

パソコン内の整理がすんだら、クラウド上の整理も必要です。クラウドは何でもデータをアップしておける便利なところですが、パッと開いたときに、ファイルごとにきちんと整理整頓されていると作業がスムーズ。いらないデータを放置せず、定期的にチェックをして削除し、クラウドという場の気を整えましょう。

インターネットも同様です。過去の閲覧記録をいつまでも残しておかないよう、週に1回は履歴を開いてクリーンアップ。お気に入りやブックマークに登録した項目はどんどん増えていくものなので、ファイルをつくって整理し、お気に入りのサイトがまだ生きているかどうかをチェックしましょう。

そのときに必要な情報は、刻々と変わっていくものです。古い情報ばかり登録してあるパソコンでは、ハードは最新であっても中身は不用品の墓場のようなもの。

情報は、仕事を発展させる運をつれてくるものですが、そんな墓場に置いておいては、せっかくの輝きを失ってしまいます。それは、情報という「火」のパワーが持つ「知性」や「知識」を失ってしまうことにつながります。

仕事が停滞したら、
デスクトップの壁紙を変えると
新しい気が流れ込みます

風水では、物事は変化していくものだと捉え、新しい気を取り入れることを大事に考えます。あなたのパソコンの壁紙は、もうどれくらい同じものを使っていますか？毎日、同じ壁紙を見続けたら新鮮味がなくなり、パソコンに向かう気持ちがマンネリ化してしまいます。

とくに「仕事が停滞している」と感じるときは、パソコンの壁紙を変えて、気分を一新しましょう。おすすめは暦の「二十四節気」に沿って、少し早めに写真を変え、季節を先取りすること。すると、新しい気が流れ込むので、停滞していた仕事もスムーズに動くようになります。

たとえば、梅雨の時期であれば、節気の「小暑《しょうしょ》」を先取りして夏らしい写真を壁紙にアップ。８月に入ったら、暑さ真っ盛りの時期に「立秋《りっしゅう》」を先取りして、少し秋の気配を感じさせる写真を使うのもいいでしょう。

パソコンは電子機器ですから、壁紙は植物や風景といった自然のものが、電磁波を中和する意味でもよく合います。また、自然をきれいにうつしとった写真は、私たちに新鮮な気をもたらしてくれます。

パソコンやスマホは、
できるだけ最新のものを取り入れると、
運がどんどん開けていきます

あなたが使っているパソコンのＯＳは最新バージョンですか？
ＯＳは会社が決めることで、自分では選べないかもしれません。でも、パソコンやスマートフォンといったＩＴ端末は、なるべく最新バージョンを使いたいものです。仕事運を上げるためには、最新の情報をスピーディーにキャッチすることが必要だからです。

新しいものを取り入れることは、「三碧木星《さんぺきもくせい》」の「木」の力をアップし、仕事運を活性化します。ですから、ツイッターやフェイスブックといった新しいサービスも、積極的に使いこなしましょう。いままで見たことがないから、「怖い」「手を出さない」と決めつけてしまうのはナンセンス。どんなものにもプラスとマイナスの両面があるので、すべてのツールは使い方次第、自分次第です。

新しいものを上手に使いこなし、ポジティブに行動できるようになると、どんどん運が開けていきます。そういう行動力がある人のところに、プラスの気が集まってくるといえるでしょう。

第5章

「足元やイス」にも、運気アップのチャンスがいっぱい

足元に荷物を置くのは……。
「見えないところほどきれいに」を
心がけて

あなたの机の足元は、どんな光景になっているでしょう？　人の目につきにくいところだからといって、不用品置き場になっていませんか？

必要のない書類をとりあえず置いておく――というように、「とりあえず」の書類を山のように積み上げているのは最悪です。不用品に宿る「陰」の気が充満していることでしょう。ある程度の期間、保管しておかなければならない書類なら、箱詰めにして期限を書いておき、期限を過ぎたら処分します。書類はどんどん増えていくものですから、そうした自分なりのルール決めが必要です。

本当は、足元に何かひとつ置くと、あっという間に足の踏み場もない状態になりがちなので、何も置かないことが大事。「見えないからいい」という気持ちでは、運はやってきませんし、足を伸ばせないほど窮屈なデスクでは、気分が滅入ってしまいます。傍で見ているほうも、いい気分になりません。

風水では、見えないところほどきれいにして、気の流れを良くしておくことを大事に考えます。一日の長い時間、座り続けるデスクですから、居心地が良いように整えて自分の気の流れを良くしておきましょう。

電気コードや電話線などの
グチャグチャな配線を、
見て見ぬふりをするのはやめましょう

目に映るものは、そのまま心に取り込まれ、私たちの心の状態をつくります。常にグチャグチャな光景を見ていると、不快な感覚が潜在意識に刷り込まれ、心がすさんでしまいます。いつもきれいに整っているものを見て、いかに自分を元気にしておくかが、仕事運を引き寄せるには大事。

机の裏や足元の見えないところであっても、グチャグチャになっていることがわかっていれば、それが心に影響します。

パソコンの電気コードやケーブル、電話線などをまとめるグッズは100円ショップでも売っています。買ってきて、コードなどのからまりをほどいて、すっきりとまとめ、なるべく見えないように工夫しましょう。

コードなどがからまっていると、その部分にホコリがたまりますが、まとめておけば、それも防げるので清潔を保てます。

「なぜ私が片づけなければならないの？」と思うかもしれませんが、それは自分の心の整頓になるので積極的にやりましょう。必ず、あなたの運気がアップします。見て見ぬふりをしているのも疲れますから、これを機に一念発起して片づけてはいかがでしょう。

ゴミ箱の位置は、利き手側の足元に。
スムーズに捨てられることが
風水では大事です

インテリアでは、ゴミ箱は見えない位置に置くというのが鉄則ですが、風水ではとくに決まりはありません。オフィスでと考えるなら、足元に置くのが一番。とくに、利き腕の下に置いておくと、不要なものをポンポン捨てられるので、捨てることがスムーズになりますね。

風水は「捨てる学問」といわれるほど、いかに捨てて、その場を清浄に保つかを重視します。遠くにあるゴミ箱まで捨てに行かなければならないと、捨てることがめんどうになるので、オフィスでは「効率良く捨てられる」ことを考えましょう。

また、ゴミ箱自体をきれいにしておくことも大事です。ゴミ箱はトイレと同様、不要なものを集めるところだからこそ、誰が見ても心地良いように、ピカピカにきれいに磨いておきます。ウエットティッシュでいいので、きれいに拭き、スーパーの袋をかぶせるなら、持ち手が外に出ないよう、ゴミ箱と一体化するようなかぶせ方を工夫してください。

無造作に捨てた食べ物の汁がついたままのゴミ箱では、見るたびにげんなりしてしまうので、捨て方にも配慮が必要。見たものが運をつくりますから、運を良くしたいなら、汚く見えないように捨てる心配りをしましょう。

会社で靴を履き替える人は、
なるべく緊張感のあるものを
チョイスして

いい仕事を引き寄せたいと思ったら、足元をきちんと整えることが大事。「足は運をつれてくる」といい、人間の土台である足元には、仕事運を良くする「土」のエネルギーがあるからです。仕事では革靴、女性ならちょっとヒールのある革靴が、きちんとした印象を与えてくれるでしょう。

オフィスにいる間は、靴を履き替えて足をリラックスさせるというのはいいことですが、その靴選びにも気をつけてください。中高年の男性がよく履いている健康サンダルなどは、履きやすいかもしれませんが、仕事中の靴としては緊張感がなさすぎです。デスクに座っているときはスリッパでもいいけれど、それでオフィス内を歩き回るのはNG。

「オフィスだからどうでもいい」という気持ちでは、どうでもいい運しかつれてこれないでしょう。また、足元という土台がだらしないと、「土」の気が弱って、仕事運もパワーダウン。オフィス内であっても席を立つときは、ある程度きちんとした靴を履きましょう。女性ならフラットな履きやすい靴を用意し、オフィス内もフットワーク軽やかにさっそうと歩きます。

運気を下げるイスには、
クッションを使って開運しましょう

デスクワーカーにとって、毎日、長時間座っているイスは、その人の土台となり、「土」の気を持っているもの。自分にぴったり合ったイスであれば、発展や創造の運気である「土」の気がすくすく育ちますが、そうでなければ仕事の成績もふるわなくなってしまいます。

イスの座り心地が良くなければ、クッションを使って自分ぴったりに調整しましょう。座面がひび割れて中綿が見えているようなイスも、負のエネルギーを放っていますから、クッションを敷いてカバーします。

イス用のクッションでおすすめなのが、その年のラッキーカラーのものを使うこと。ラッキーカラーは毎年変わるもので、その年の色を取り入れることによって強運を引き寄せられます。

1年に1回、冬至を過ぎたら来年のクッションを買いに行くのを習慣にするのはいかがでしょうか。何年も同じクッションを使っていると、汚れたりボロボロになったりするので、1年に1回はちょうどいい取り換えどきです。その年の、さまざまな気を吸収してくれたクッションは処分し、新しい年を、新しい色のクッションで迎えるようにしましょう。

ときどきイスの高さを変えて
「視点」を変えることで、
新しいエネルギーが入ってきます

すごい猫背で仕事をしている人をよく見かけますが、風水では、姿勢が悪いと背中から運が逃げていってしまうと考えます。運を良くするには、背筋をピンと伸ばして仕事をすることを意識しましょう。

まず、イスの高さを調節し、一番いい姿勢でいられるように合わせます。きちんとした姿勢で仕事をすると心身ともに快適になるので、仕事の能率が上がり、ミスも少なくなるでしょう。

また、目に入る風景がいつも同じというのは、気持ちをマンネリ化させるので、とくにルーティーンの仕事はつまらなくなるもの。できれば、定期的に席替えをすると風景が変わるので気分が刷新されていいのですが、そうもいかない場合は、一日のうちで、イスを思いきり高くしたり低くしたりして見晴らしを変えて、運気を上げましょう。

ごく小さなことでも、日々の中にいろいろな変化があったほうがいいのです。変化があれば、「視点」が変わり、新しいエネルギーが入ってくるので、それまで停滞していた運気が、自然に前に進んでスムーズに流れていくでしょう。

イスにかけっぱなしの
上着やひざかけは気を乱すので、
きちんと片づけましょう

デスクの上や足元をスッキリ片づけても、雑然とした印象にさせてしまうのが、イスにかけっぱなしにした上着です。脱いだ服はいまその場に必要ないものですから、ロッカーなどのあるべき場所にしまいましょう。「それが面倒」と思ってイスにかけていると、雑然とした景色がその場の気や自分の気を乱します。

寒さ対策のためのカーディガンをイスにかけている人もいますが、着ないときは、引き出しの中にたたんでしまっておきましょう。

寒さ対策のひざかけも同様。使わないときは、たたんで引き出しへ。また、ひざかけの場合は、色や柄に気を配ることも必要です。キャラクターがついていたり、色が派手なものはオフィスには向きません。

風水では統一感を大事にするので、場にそぐわないもの、その場にあると違和感を感じるものは、気が良くないとします。オフィスでひざかけを使うなら、ベージュなどの目立たない色で、無地かシックなデザインのものを選びましょう。

デスクまわりにプラスの運気を呼び寄せるには、その場に合った統一感を重視することがとても大事です。

第6章

仕事の相棒「文房具」にも、風水パワーが宿っています

会社の備品を使わずに、
自分で選んだ
お気に入りの文房具を使いましょう

会社から支給される文房具だと、つい、いい加減に使ってしまいがち。ボールペン、マーカー、付箋、クリップなど、自分の引き出しの中に、ごっそりため込んでいる人も多いのではないでしょうか？

仕事の運気を上げようと思ったら、文房具は自分で選んで買ったお気に入りのものを使いましょう。ボールペンひとつとっても、持ったときの感触、書きやすさ、ペン先の太さ、インクの色など、自分なりのこだわりがあるはずです。

お気に入りの大事なボールペンを使うと、文字や書く内容に魂がこもるので、それを読んだ人に本気度が伝わります。それが、結果的に仕事をスムーズに進め、きちんとした成果を上げることにつながります。

文房具は毎日使うものだけに、一度、会社の備品を使うのをやめ、自分に合ったお気に入りをそろえてみては？　文房具も日々進化していますから、新しくて便利なものや自分により合ったものを取り入れると、気持ちが新たになり、やる気が湧いてきます。新しい文房具を取り入れて、仕事の効率化をはかり、前向きな気持ちになれる環境を整えましょう。

書けないボールペン、切れないカッター
など、マイナスの気を宿した文房具は
すぐに処分を

文房具はたくさんあればいいというものではありません。ペン立てがぎっしりという人は、１本１本、書けるかどうかをチェックしましょう。インクが出ないペン、書きづらいボールペン、芯が入っていないシャープペン、芯が折れている鉛筆などが混じっていたりしませんか？

デスクの中も同様。切れないカッターや錆びたはさみなどが混じっていないでしょうか？

使おうと思ったときに使えない文房具は、マイナスの気を宿して、運を停滞させるだけです。メンテナンスして使えるようにするか、さっさと処分しましょう。使えないものが混じっていると、それを手に取ったとき「あ〜、まただ〜」というイライラを生み、気分をマイナスに押し下げます。

ペンや鉛筆などの筆記用具は、せいぜい３本もあれば十分。ペン立てを使うなら、出し入れがスムーズになるよう、ガラガラなくらいがちょうどいいのです。でも、できればペン立てはやめて、引き出しの中にしまいましょう。使える状態になった筆記用具がきれいに並んでいる引き出しは、それを見ただけでプラスの運気が漂います。

背伸びした高級ペンをあえて使うことで、
自分の力を存分に発揮できるようになります

持ち物は、自分を表現するもの。自分の好きなものを持つことは大事ですが、仕事で持つ文房具は、「こうなりたい」という自分の願いを叶えるために、運気を呼び寄せるツールにもなります。

もし、仕事上でのステイタスを上げたいと思ったら、あえて高級なペンを使ってみるのもおすすめです。入社祝いや誕生日などのプレゼントで高級ペンをもらう機会があったら、分不相応だなどと思わずに、どんどん使いましょう。そうした偶然は、「いまがステイタスを上げるタイミング」という天の配材ですから、いいチャンスです。

シルバーやゴールドが使われている高級ペンであれば、「六白金星《ろっぱくきんせい》」が持つ勝負運、ステイタス運、出世運を強力に持っています。日常使いすることはもちろん、大事な会議やプレゼンテーションの場で、または取引先のお客様の前で使うことで、勝負運が上がり、自分が持っている力を存分に発揮できることでしょう。

自分で買う場合は、自分の手になじんで、インクの出がちょうどよくて、書きやすいもの……とこだわって選びます。企業名の入ったペンや書きづらいペンを、もったいないからと思って我慢して使っていると運気が下がるのでご注意を。

「適材適所」を大切にする風水では、
目的に合わせたノート選びが吉

ノートにはサイズや厚さ、罫線の幅、折りたたみ式などいろいろな種類があるので、「適材適所」を考えて選びましょう。

たとえば、広い会議室でメモを取ることが多ければ、伸び伸びと書ける大きめのB5版ノート、会議室が狭いときは、ひと回り小さいA5版ノートというように……。もしくは、外のカフェでの打ち合わせが多ければ、テーブルが小さいことを想定して、半分に折りたためるリング式のノートを使うなど。

風水では「適材適所」を大切にしているので、目的に合わせてノートを選ぶことは、仕事運を上げる「吉」となります。

仕事のプロジェクトごとにノートを選ぶという方法もあります。プロジェクトによって、会う人、メモを取る場所、仕事の内容などが変わるので、それに合ったサイズ、厚さ、色のノートを用意。そして、そのプロジェクトが終わったら、そのノートも一緒に処分します。

できれば、なるべく薄めのノートを選び、最後まで使いきって処分するのが理想です。最後まで使うと達成感が得られ、ひとつの案件が完了したことがはっきり心に刻まれます。すると、次の新しい仕事にスッと気持ちを切り替えて取りかかれます。

文房具の色がバラバラだと
「気」が散るので、
統一感のある選択を

自分がお気に入りの文房具を使うことは大事ですが、そのときの気分で買っていると、デスクまわりが色であふれてしまうことも。それでは、統一感がなくなって、「気」が散る環境になってしまうでしょう。風水では、「統一感」を大事にしているので、自分の文房具を「色」という観点から見直してみてください。

たとえば、モノトーンで整えたデスクまわりに、自分のラッキーカラー（24ページ参照）のノートなどを使って差し色にすると、統一感の中に明るさを盛り込むことができます。モノトーンの持つ冷静沈着な雰囲気と、差し色の楽しい雰囲気がミックスされて居心地の良いデスクになるでしょう。

もしくは、陰陽五行説《いんようごぎょう》の五行に対応する五色を使うという方法もあります。風水では、五色を使うと陰陽のバランスがとれて、吉運が上がるといわれています。それは、「木＝青」「火＝赤」「土＝黄」「金＝白」「水＝黒」の五色で、相撲の水引幕など、昔からおめでたいものに使われてきました。文房具に取り入れるのもおすすめです。

ゴールドかシルバーの革製の
名刺入れを使って、
強力な仕事運を手に入れましょう

あなたは、いまどんな名刺入れを使っていますか？　買ったときはお気に入りだったものも、年季が入りすぎてボロボロになっていたりしませんか？

名刺交換ははじめて会う人と行うものなので、そのとき、嫌でも目に入る名刺入れは、あなたの第一印象を左右する大事なアイテムとなります。常に新しく、清潔なものを使いましょう。

また、いただいた名刺を名刺入れの中にため込んで、パンパンにふくらんでいるのもＮＧです。もらったら名刺はすぐに整理して、名刺入れはスッキリさせておきます。

名刺入れのラッキーカラーは、シルバーかゴールドです。これは、勝負運やステイタス運、出世運などをつかさどる「六白金星」の色。素材は革がベスト。ゴールドの革製、またはシルバーの革製の名刺入れが、その持ち主の仕事運を強力なものにしてくれるでしょう。

もしくは、自分のラッキーカラー（24ページ参照）を使った革製の名刺入れもおすすめです。

縁起のいい模様の一筆箋が、
仕事での人間関係を
より良いものに導いてくれます

仕事で書類を送るとき、ただ書類を入れるより、一筆箋にひと言書いて添えたほうが、相手との関係が良好なものになります。さらに、事務用に罫線が引いてあるだけの一筆箋より、自分がいいと思うデザインのものを選ぶと、その関係が確かなものになるはず。

ただし、仕事上のやり取りですから、自分が好きというだけではなく、相手も自分も運気が上がるデザインを選びましょう。おすすめなのは、富士山、千鳥、亀、七福神、鯛、だるま、ひょうたんといった縁起のいい模様がついているもの。いまではこうした昔ながらのアイテムを現代的にあしらった一筆箋も多いので、仕事というシチュエーションにふさわしい上品なデザインのものを選びましょう。もらった相手が「あ、縁起がいいね」と思ってくれたら目的達成です。

もしくは、季節に関する模様がついているもの。四季折々の花や野草、または、うちわや花火といった季節の模様があしらわれたものから、季節を先取りして選んで使います。桜のモチーフがついた一筆箋を3月早々に使うといった心遣いが、新しい季節への期待感を生むという意味になり、運を呼び寄せます。

一年の運気を決定づける手帳は、
月曜はじまりではなく、
日曜はじまりのものを

手帳は自分のスケジュールを管理するだけでなく、計画を練ったり、準備をしたりするときのベースになる大事なものです。

最近は月曜はじまりの手帳が増えていますが、おすすめは日曜日からはじまるものです。週末という言葉が「土日」をさす意味合いが強くなりましたが、日曜日は一週間の終わりではありません。日曜日は、新たにやってくる次の週をうまく生かすための準備の日。「今週は何をしよう」とゆっくり考える時間です。

そうやって考えたことは、手帳に書き込むことも大事。風水では、書くことで物事が決定するとされるからです。具体的に書けば書くほどそのように実現するので、自分にとって有益な予定ややりたいと思うことはどんどん書き込みましょう。

反対に、あまりやりたくない予定はサラッとメモる程度に。よく、一週間を振り返って反省点を書く人がいますが、それはマイナスだった物事を固定化するだけなので良くありません。反省は心の中ですませ、手帳には将来のことや良いことだけを書きましょう。

一週間のはじまりである日曜日に、計画や目標を具体的に立てて手帳に書くことが、仕事運を強化するポイントです。

分厚い手帳は行動力を奪っていくので、
薄い手帳やウェブでの
スケジュール管理がおすすめ

ひと昔前まではシステム手帳がはやっていて、手帳にどんどんメモ書きなどをはさみ、分厚い手帳を持ち歩くことがステイタスだった時代がありました。「手帳の厚さ＝仕事の出来」みたいな時代だったのですね。

でも、いまはどんどんシンプルになっていく時代。分厚い手帳より、なるべく薄く、すっきりまとまった手帳を持っているほうがスマートです。

もしくは、手帳をまったく持たず、スケジュールをスマホやパソコンで管理している人もいるでしょう。新しいツールを便利に使いこなせるのも、仕事運を開く条件のひとつですから、それですんでいる人は無理に手帳を持たなくてもいいと思います。持ち物が減って身軽になるぶん、アクティブに行動してチャンスを広げましょう。

手帳でスケジュールを管理しているときにひとつ気をつけたいのは、終わった予定に「×」印をつけて消すこと。「×」という記号は、「ダメ」というマイナスの印象をもたらすので、できるだけ目に入れないほうがいいのです。せっかく成果を出せたことも、「×」印をつけたがために、良くない印象を自分で自分に植えつけてしまうことになってしまいます。

カレンダーは「時」をつかさどるもの。
お気に入りのものを、
最適なタイミングで購入しましょう

もらったカレンダーを使うのは悪くありませんが、カレンダーは自分の「時」や「人生の流れ」をつかさどるものですから、自分のお気に入りのものを買いましょう。買うタイミングは、各種のカレンダーが一番出そろう12月の冬至前後（12月22日あたり）。「冬至」という節気を区切りにして来年のカレンダーを購入し、来年をどんな年にしたいかを考えはじめます。

最近はカレンダーの出荷が年々早まっていて、8月頃から翌年のカレンダーが販売されていますが、あまり早く購入するのも考えものです。風水では、将来より現在の「時」を大事にします。将来を見通すことは必要ですが、「いま、何をするか」によって将来は変わるものなので、いまをおろそかにして将来のことばかり考えていても運は開けません。

また、卓上カレンダーにスケジュールを書き込んで、スケジュール帳代わりにしている人もいますが、これはどうでしょう？　カレンダーは持ち歩けないので、手帳にもスケジュールを書き込むことになりますね。いろいろなところにスケジュールを書き込むと、複数の「時」の流れをつくることになります。自分の「時」はひとつにまとめて、その流れをしっかり管理しましょう。

実はやっぱり大切な印鑑選び。
まわりの枠に文字が接しているものが
運を開きます

印鑑や認印はどんなものを使っているでしょうか？　朱肉のいらないスタンプ式のものを使っている人が多いでしょう。認印はどんなものでも悪くはありませんが、もし自分で買うなら、認印にもいろいろな種類があるので、選ぶときにひとつ気をつけたい点があります。

それは、漢字がまわりの枠に接しているものを選ぶこと。まわりの丸い枠に接するということは、「宇宙と自分の名前とに接点がある」ということで、風水では運気が上がる印鑑だと考えます。

反対に良くないのは、漢字が丸い枠のどこにも接していないもの。これは、さびしげで、不幸な印象を与えてしまいます。

この考え方は、実印を選ぶ際に最も気をつけたいところですが、ふだん使う認印でも、選べるのであれば気をつけましょう。たかがハンコと思っても、日常的によく使うものだからこそ、運気が上がるものを選びたいものです。

第7章

運気が下がるデスクワーク、運気が上がるデスクワーク

一日のスタートに、机や机まわりを
拭く習慣を。きっちり拭き上げる行為が、
自分の心や運を磨きます

風水では、いまの自分の環境を整えたり磨いたりすることによって、自分の運を整え、磨き、より良いものにしていくと考えます。会社のデスクは、いまのあなたにとっての大事な仕事の場（＝環境）。

いらないものを処分して整理整頓したら、次は、隅々まできれいに拭いて清めましょう。デスクの上のものを全部どかして拭き、ペン立てや書類ボックスを使っているのであれば、中身を全部出して、それらの底もきれいに拭きます。パソコンについているホコリはから拭きし、よく手が触れるマウスやキーボード、受話器、筆記用具などの文房具もきれいに拭きましょう。

こうして、見えるところから見えないところまで、きっちり拭き上げる行為が、自分の心や運を磨きます。

掃除は清掃業者がしてくれるというオフィスであっても、自分のデスクは自分で掃除をするということが大事。デスクまわりをきれいに拭いて、キリリとした気持ちで一日のスタートを切りましょう。

大事な仕事は、
午前11時までの「ドラゴンタイム」に
終わらせましょう

仕事運を上げるためには、時間の使い方も重要。あなたは、一日の時間をどのように分け、仕事の割り振りをしていますか？　時間を十二支に当てはめて考える風水で見ると、７時から９時は「辰《たつ》」の時間、９時から11時は「巳《み》」の時間です。辰は龍、巳は蛇を指すので、この７時から11時までの時間を「ドラゴンタイム」と呼んでいます。

太陽が昇る朝は一日の中で最もパワーが強い時間。目覚めた直後の脳も一日の中で一番クリアで、元気な気に満ちています。７～11時のドラゴンタイムは、仕事をバリバリ片づけるのに最も適した時間なのです。

大切な仕事、めんどうな仕事、間違ってはいけない仕事、気合を入れてやる仕事は、このドラゴンタイムに片づけましょう。大変な仕事を11時までに終わらせておくと、もう半分以上はすんだも同然。午後は、だんだん疲れが出てきて能率が落ちるときですが、気持ちに余裕があれば、楽々片づけられるでしょう。

たとえば、午前中はデスクに向かってひとりで頭を使う仕事に割り当て、打ち合わせや人と会ったりする仕事は午後にという割り振りに。単純なルーティンワークは夕方以降の時間でもこなせます。

仕事運が遠ざかるので、
机やパソコンに
付箋をベタベタ貼るのは厳禁です

デスクまわりの基本は、机の上にできるだけ物を置かず、きれいに片づけておくことです。付箋にメモを書いて貼りつけるのは、「すべきこと」がパッと目に入ってきて、一見、効率が良いように思えますが、実際はその逆。

たくさんの雑多な情報が目に入ってくると、何が大事なことかわからなくなってしまいます。目に入ってくるもので、運気はつくられます。付箋がベタベタ貼ってある雑多なデスクでは、持ち主の頭の中も取り散らかってしまい、マイナスの運気しか生まれません。

すべきことは、付箋にメモ書きしている間に、どんどん片づけていくのが理想です。そして、どうしても後回しにしなければならないことだけ、付箋に書いて貼るか、手帳やノートにメモしましょう。いまなら、携帯電話の中の「TO DOリスト」を使うのもスマートですね。

なかには、「付箋をたくさん貼っているほうが、仕事ができる人」と勘違いしている人がいるかもしれませんが、それは、ただ実行に移すのが遅いだけ。腰が重いと仕事運はアップするどころか、遠ざかっていってしまいます。付箋を貼ったら、その日中に片づけましょう。

ボールペンやノートの色を変え、「色のパワー」で集中力ややる気を高めましょう

仕事で「ここぞ」と勝負したいときもあれば、肝心なときにアイデアが出ない、気が乗らないなんてこともあるでしょう。そんなとき、気持ちを切り替えたいと思ったら、ボールペンやノートなど、いつも使っているグッズの色を変えてみるのがおすすめです。

実力を発揮したい会議やプレゼンテーションには、ボディーがシルバー色のペンで臨みましょう。「シルバー」は勝負運や出世運を引き寄せる色。きっとあなたの評価を高めるのに役立ちます。

仕事中に集中力が途切れそうになったときは、ボディーが青色のペンか、表紙が青色のノートに替えて気持ちを落ち着かせましょう。「青」はあちこちに散らかる気持ちを鎮めて、集中力ややる気を高めてくれます。

疲れがたまってきたときは、緑色のボディーのペンや小物を使ってみるのがおすすめ。「緑」は癒しのパワーを持つ色です。疲れがたまると仕事の能率が下がりますし、心がよどんで仕事運も下がります。緑色のグッズで気分をリフレッシュして取り組みましょう。

書類はプロジェクトごとにファイルに
分類。色別の付箋で重要度や緊急度を
はっきりさせます

仕事の資料や書類は、プロジェクトごとに分類するのが基本です。透明のクリアファイルに仕分けして入れておくのが中の資料がパッと見えて便利ですが、すべて同じファイルでは、必要なものをサッと取り出すことができませんね。

そこで、ファイルに色別の付箋をつけておくのはどうでしょう？　風水では、9種の星に対応している色があるので、それを利用して9つの色で重要度や緊急度をはっきりさせます。

一番パワーの強い色は、「九紫火星《きゅうしかせい》」の「紫」です。ここで、重要な色から順番に9つの色をあげておきますので、ファイルの識別に役立ててください。

「九紫火星＝紫」「八白土星《はっぱくどせい》＝茶」「七赤金星《しちせききんせい》＝赤」「六白金星《ろっぱくきんせい》＝白、シルバー」「五黄《ごおう》土星《どせい》＝黄」「四緑木星《しろくもくせい》＝緑」「三碧木星《さんぺきもくせい》＝ライトグリーン」「二黒土星《じこくどせい》＝オレンジ」「一《いっ》白水星《ぱくすいせい》＝青」。

色は自分の無意識に影響するので、「紫＝重要、緊急」と覚えておくと、いざというときにパッと目当てのファイルを取り出すことができます。何事もスムーズに進むこと、タイミングを逃さないことが運気アップには大切です。

成功した仕事の書類は十分に味わい、
失敗した仕事の書類は即、捨てましょう

終わった仕事の書類や資料は、すぐに捨てるのが鉄則です。成功したものであっても失敗したものであっても、捨てることでその仕事は完全に終了したと、自分の気持ちに区切りをつけることができます。すると、次の仕事や新しいチャンスを受け入れる態勢が整います。

十二支の最初にくるネズミの「子」という字は、終了の「了」にはじめの一歩の「一」を足したものですね。実は、「子」には「終わってはじまる」という意味があり、これがすべての物事に通じる基本ルールです。仕事も同じ。古くなったもの、終わったものを捨てて空きスペースをつくることで、そこに次の新しい運気がやってくるのです。

ただし、成功した仕事の書類であれば、しばらくは目立つところに置いて、達成感や充実感を存分に味わってもいいでしょう。この際、「私ってスゴイ！」という自信をつけて、セルフイメージを十分に良くしておきます。ただし、いつまでも過去の栄光にとらわれていてはダメ。期限を切って味わいつくしたら、あとは潔く捨てましょう。失敗した仕事の書類は言うまでもなく、すぐに捨てます。

人と人とが出会うタイミングは必然です。
だから名刺は、時系列に整理します

仕事上で出会う人との最初のご挨拶は、名刺交換です。名刺をもらうということは、その人とのご縁ができたということ。名刺をもらったら、その日付、シチュエーション、印象などをメモ書きして、すぐに名刺ホルダーに整理しましょう。

名刺の整理のしかたは、自分の仕事の内容にもよりますが、時系列が一番わかりやすいのではないでしょうか？　とくに、いろいろな職業の人と会う機会が多い仕事であれば、職業別や会社別といった分類にすると複雑になり、整理に時間がかかってしまい、本末転倒に……。

人と人が出会うタイミングや順番には意味があり、必然の結果、そのタイミングで出会ったのです。人は、必然で起こったことを忘れません。だから、名刺を時系列に並べておくことは、自分の記憶とリンクさせる、わかりやすくて合理的な方法なのです。

名刺は、「あの人に連絡してみよう」とひらめいたときに、サッと取り出せることが大切で、そのチャンスを逃さないことが人との縁を確かなものにしてくれます。名刺をもらったら、すぐに整理して、いつでもチャンスに対応できる準備をしておきましょう。

デスクの上に、いろいろなものを
出しっぱなしで帰ってはいけません

「明日もまた、この仕事の続きをやるのだから」と、デスクの上を片づけず、資料を広げたまま帰ってしまう人がいます。

確かに、翌日出社したときに、昨日のままの状態であれば、すぐさま仕事に取りかかれるという利点があるかもしれません。でも、風水で見ると、こうした状態は気が停滞してしまって良くないのです。

仕事が終わったら、資料は全部元のファイルに戻して、定位置に片づけましょう。文房具も戻し、机の上には何もない状態にスッキリ片づけます。はい、それで、今日の仕事は完了。

片づけというのは、その一日をリセットするということです。今日の仕事の続きを明日するとしても、今日一日をいったんしっかりと終わらせます。そして、サッと気持ちを切り替えて、充実したオフタイムを送りましょう。十分にパワーチャージができれば、翌日もまた新たな気持ちで元気に仕事に取り組めます。

きれいに片づいたデスクを見ることによって、フレッシュな気分で新たにまたスタートすることができるのです。

デスクでお弁当は、できればＮＧ。
しかたないときは、
食後にデスクを拭いて清める習慣を

仕事運の良い人になるには、食事は楽しい気分で、リラックスしながらとるようにしましょう。ランチ休憩では、できればオフィスを離れて外に食べに行ったほうが、気分が変わって午後のパワーをチャージするのに適しています。

最近は、お弁当持参の人が増えていますが、その場合も、自分のデスクではなく、場所を変えて食べたいもの。デスクは仕事をするにあたっての神聖な場所ですから、飲食に利用しないほうがいいのです。

しかし、スペースなどの関係から、デスクでお昼を食べざるを得ないときは、なるべく仕事の資料を片づけ、パソコンは待ち受け画面にし、頭を仕事モードから変えましょう。

そして、食べ終えたら水拭きして、デスクの上を清めます。今度はランチモードから仕事モードに頭をキリリと切り替えるため、デスクからランチの痕跡を消しましょう。間違っても、パンくずが残っているデスクで午後の仕事に取りかかるのはＮＧです。その場の気を整えて、自分の気を切り替えましょう。

午前中は青いお茶、午後は赤いお茶。
お茶のパワーを利用して
仕事運を呼び込みます

仕事中の飲み物は自分が好きなものでかまいませんが、お茶のパワーを上手に利用すると、仕事運を高めることができます。お茶にはいろいろな種類があるので、午前と午後で飲むものを変えるのです。

午前中に飲むとラッキーなのは「青いお茶」、つまり緑茶のこと。陰陽五行説《いんようごぎょう》で、午前中には「木《もく》」の気があるとされ、青（＝緑）のお茶を飲むことで、元気のエネルギーを取り込むことができます。

それに対して、午後は「赤いお茶」、ウーロン茶や紅茶がおすすめです。午後は「火」の気があり、赤いお茶を飲むことでリラックスし、新たな気持ちで仕事に取りかかることができるのです。

大事な会議や打ち合わせは午前中にセッティングして緑茶を出して進める、急ぎの仕事は脳がクリアな午前中に緑茶を飲みながら取り組む、仕事が忙しいときは午後に紅茶を飲んでプチ休憩をするといった使い分けができます。

飲み残して冷めてしまったお茶はすぐに捨てて、また飲みたくなったときに新たにいれましょう。飲み残しをいつまでもデスクに置いておくと、マイナスの気がじわじわと培養されてしまうので気をつけて。

お金の精算は、使ったその日のうちに。
リセットすることで
新しいことがはじまるのです

精算が必要な領収証で、お財布がパンパンにふくれていませんか？　その日に起きたことは、良いことであれ悪いことであれ、仕事の終わりにいったんリセットします。「終わることで新しいことがはじまる」というのが風水ですから。

精算はその日ごとか、プロジェクトごとかという違いはあるでしょうが、一日の終わりには、その日の分の領収証を整理して記帳するところまですませてしまいましょう。「精算をしなければ」という気持ちを自分の中から出してしまい、一日をスッキリとした気持ちで終えるのです。

人は、自分が思っている以上にお金のことを考えてしまいますから、「精算し忘れて、お金がもらえなくなったらどうしよう」という心配は、常に無意識の中に引っかかっているのです。すると、マイナスの気がたまって、金運が遠ざかってしまうことに……。

お財布も気持ちもスッキリした状態で、一日の仕事を終えましょう。

オレンジ系のアロマが
やる気を引き出し、
仕事運が上がります

香りは、気分を変えたり、心を落ち着かせたりするのに役立ちます。仕事運を上げる香りは、オレンジ系。オレンジには「木」のエネルギーがあり、「木」はやる気をアップさせてくれます。

オレンジ系のアロマエッセンスを香らせるのもいいですし、フルーツのオレンジを食べてもOK。そのフレッシュでさわやかな香りと味が、やる気を引き出してくれます。

ただし、香りの好みは人それぞれで、自分がいいと思っても、そう感じない人もいます。また、いい香りでも、仕事中は無臭のほうがいいという人もいるので、オフィスでは自分ひとりで香りを楽しみましょう。

ティッシュにアロマオイルを吹きつけて、ひとりでそっとかぎます。落ち込んだとき、疲れたとき、アイデアのひらめきがほしいときなどに、そっと香りのパワーを利用しましょう。トイレで、アロマ入りの化粧水スプレーをシュッシュッと顔に吹きつけるのもいいですね。

著者紹介
谷口 令〈たにぐち れい〉

風水心理カウンセラー。一般財団法人風水心理カウンセリング協会代表理事。

学習院女子短大卒業後、東京海上、IBM、レナウンなどでキャリアを積むかたわら、20代はじめに九星気学の大家である宮田武明氏と出会う。

方位学、家相学、移転学、環境学、象意学、命名学、筆跡学、観相・人相学など研鑽を重ねて独立し、心理学をプラスした独自のメソッドを構築。風水歴41年、国内外に1万人以上の顧客を持つ。

20歳から現在まで、あらゆるタイプの家に住み、オフィスを含め通算20回の引っ越しを実験し、住居や住み方の大切さを知り、迷信に振り回されない現在の環境学としての風水を提案。

またこれまでのカウンセリング経験から、風水はプライベートシーンだけでなく、ビジネスにも大きな影響を与えることを確信する。

オフィス空間をはじめ、「自分の強み」を活かすビジネスネームやビジネスアイテム、業績を上げる経営戦略やブランディング、商品名など風水学をワークスタイルに取り入れる風水を提唱中。

主宰する風水スクールより350名以上の卒業生を輩出。卒業生は風水心理カウンセラーとして、現在国内外で活躍中。

本文デザイン／青木佐和子
イラスト／岡部哲郎
編集協力／佐藤雅美

仕事運《しごとうん》が上《あ》がるデスク風水《ふうすい》

2015年8月1日　第1刷

著　　者　谷《たに》口《ぐち》　令《れい》

発 行 者　小澤源太郎

責任編集　株式会社　プライム涌光
電話　編集部　03(3203)2850

発 行 所　株式会社　青春出版社
東京都新宿区若松町12番1号　〒162-0056
振替番号　00190-7-98602
電話　営業部　03(3207)1916

印　刷　中央精版印刷　　製　本　大口製本

万一、落丁、乱丁がありました節は、お取りかえします。
ISBN978-4-413-03962-8 C0076